아직은 투명한

권덕행

김은유

김준호

손진원

이용환

이호성

최신애

최진영

서울시인협회
청년시인상
수 상 시 집

아직은 투명한

추천의 글

"비유해 말하자면, 하루에는 아침이 있고 일 년에는 봄이 있는 것같이, 사람에게는 청년 시절이 있어서 발전이 이로부터 시작하는 것으로, 이것은 일개인의 처지만 그런 것이 아니라 일가 一家의 흥패興敗로부터 국가의 성쇠도 오로지 청년들의 진보 여하에 달려 있으므로, 청년이라는 것은 한 인간의 보배요, 나아가 한 천하의 지극한 보배이다."

독립지사 이상재李商在 선생이 독립문 건설을 주창하는 상소上疏에 쓴 글이다.

청년 시인들 동인시집을 추천하는 이 짧은 글에 이상재 선생의 상소문 한 문장을 인용하며 청년 시인들이 처음으로 맺은 작은 열매 같은 동인시집을 축하하는 심정과 같기 때문이다.

이 동인시집에는 2018년~2020년《월간시》가 공모했던 '청년시인상'에 당선된 시인들이 수상작 한 편과 그 후에 생산한 신작 예닐곱 편이 수록되어 있다. 당시 '청년시인상'을 공모했던 가장 큰 목적은 노쇠해가는 한국 시단 현실을 그저 두고 보며 걱

정만 할 수 없는 절박감이 있어서였다. 시인들이 노쇠하면 시단 역시 활력을 잃을 수밖에 없지 않을까 하는 우려에서 시작한 것이다.

'청년 시인' 하면 우리는, 윤동주 백석 이상 정지용 같은 시인들을 떠올리는데, 이 시인들이야말로 우리 한국시를 풍요하게 한 훌륭한 시인들이라는 데 이의를 제기할 사람은 없을 것이다.

'청년시인상'은 이런 훌륭한 시인이 될 만한 재능 있는 청년들에게 기회를 열어주려고 한 공모전이었다. 그러나 여러 가지 현실적인 문턱을 넘지 못하고 계속 유지하지 못한 아쉬움이 크고 그래서 '청년시인상'을 계속하지 못한 부끄러움도 크다.

『아직은 투명한』이라는 시집 제목처럼, 부디 '투명'함을 잃지 않는 순결한 시를 쓰는 청년 시인이 되기를 기원한다.

서울시인협회 회장 민윤기

차례

010 권덕행

- 012 부음
- 015 계절의 문장들
- 018 풍, 핑
- 020 가난의 근거
- 022 물을 끓이며
- 023 길 위에서
- 024 담쟁이
- 026 치매 병동

028 김은유

- 030 바다의 꿈나무
- 032 자정의 꽃
- 034 별의 자리
- 036 잔 잔
- 038 일상
- 040 나는 투명을 믿지 않지만
- 042 알사탕
- 043 에펠 여행기

044 김준호

056 손진원

046 선인장	058 시인이란
048 초승달	060 바닷가에서
049 인생	062 여명
050 삼각반지	064 새벽별
051 꽃	066 도시의 밤
052 고무장갑	068 편지
053 여행	069 가을 소식
054 앙코르	070 안개

072 이용환

084 이호성

074 시인과 바다
077 담에 꼭 한잔하자
078 한송이위로
079 선풍기
080 가시
081 이 별의 이별
082 눈
083 추적추적

086 오래된 새 옷
089 잔을 채우며
090 정동진
092 장마
094 지워지지 않는 단어
095 어느 겨울, 까만 밤.
096 가을이 오고 있어
098 엄마의 고양이

| 100 | **최신애** | | 112 | **최진영** |

102	대화		114	연어
104	박각시 나방		117	다마네기
106	노이즈 캔슬링		118	스마트폰 공동묘지
107	메아리 메아리		120	홍제역에서
108	지샌 달		122	충청도 택시
109	환절기		124	조카의 차례상
110	계란 장		125	소아중환자실
111	무한 반사 거울		126	울거

권덕행

부음   당선작

계절의 문장들

풍, 핑

물을 끓이며

가난의 근거

길 위에서

담쟁이

치매 병동

깊고 느리게 지어지는 것들을 좋아한다. 시가 그렇고 마음속 당신이 그렇다. 요즘 처음 시를 썼던 순간들이 자꾸 떠오른다. 다 말하지 못한 말들을 들여 시를 썼다. 나는 시의 곁에서 나를 확장하기도 했고, 차마 떠오르는 모든 감각들을 안전하게 통과하기도 했다. 여전히 막막하고 희미하지만 모든 것이 선명할 필요는 없다고 생각된다. 그러니까, 그런 것들을 바라본다. 분명하게 존재하지 않는 것들, 지워진 것들 말이다. 시는 그런 것들의 마음이다.

태어난 곳은 아니지만, 인천에 살고 있다. 절박하게 살아남은 곳이 고향이라는 생각이 든다. 내 시를 관통할 때마다 시와 당신이 몰래 충돌하기를, 절박하게 살아남기를.

시집 『사라지는 윤곽들』과 산문집 『몇 겹의 마음』 등을 썼다. 이 모든 것이 당신이었으면 하는 마음이 글을 쓰게 한다. 영원처럼 쓰고 싶다. 순간으로 살고 싶다.

_____ 인스타그램 @write_dh.kwon

부음

〔당선작〕

나, 이사 가
그 말이 그 말인 줄 몰랐다

뒤늦은 부음을 전했다

가끔 봤던 그 아이
서늘한 인상의 친구 남동생
서른 언저리의 삶을 두고
꽃무늬처럼 몸을 던졌다
얼마나 사나운 연민에 시달렸을까
수많은 밤을 어둠 속에서 죽어갔는데
가고 나니 이제야 점등 되는구나

온기가 사라지고
목소리가 사라지고
외로움이 사라지고
엎드려 있던 너를 이제야 읽는다

너는,

꽃무늬처럼 흩어져 어디에 도착한 걸까

나, 이사 가
꽃그늘이 너무 선명해서
짐을 싼다
봄인데

심사평

시 〈부음〉에서 친구 남동생의 죽음에 당면해서 죽음이란 '나, 이사가'의 공간적 부재와 그의 '온기가, 목소리가, 외로움이 사라지고' 마는 감각적 부재를 동시에 느끼게 된다. '나, 이사가'라는 평상어는 시인의 사유를 통해 그가 남긴 '꽃그늘'이란 선명한 이미지를 담보한, 시어의 미학을 창출한다.

• 김현숙(시인)

계절의 문장들

초록 잎들의 잎맥을 따라 걷던 날
가장 시린 곳이 가장 깊게 파인다
눅진한 문장처럼

그것은 누군가 문을 열고 들어온 흔적이다

모르게 짓는 표정처럼
봄에서 여름 쪽으로 초연해진다
여름의 바깥은 초록
끝내 떠오르지 않는 이름들이 모여 여름 숲이 되었다

잎맥을 따라 천천히 차오르는 이야기
희미하게 울다가 떠난
그 말의 행방에 대해 물었다고 들었다

너무 뜨거운 말은 어떻게 사라지는지

오래전 그랬던 것처럼
원색적인 모든 물음들을 바닥에 뱉어 놓았다

그렇게 가을이 쏟아지면
도처에 꽉 찬 울음
단단하고 울렁거리는

세상의 모든 열매는
입을 틀어막고 우는 모습이다
가장 고단한 얼굴로 잘 지낸다는 인사다
휘청이며 배웅하는 뒤통수다

시간은 눈빛처럼 앞질러 가고
기어코 소멸되는 계절

속눈썹 위로 소복소복
수심 깊은 문장이 내려앉는다

돌아갈 곳은 없어
나아가는 거지
둥글게 몸을 말고 끝이라고 믿는 순간들을 붙드는 거지

목 뒤의 멍울처럼
계절의 문장들을 만져본다

풍, 핑

헤어지고 돌아오던 저녁
수식 없는 몇 개의 문장들이 문득 밤을 데려오고

허기진 곤충의 눈으로
장수풍뎅이 두 마리를 집으로 데려왔다

사내는 풍, 기지배는 핑
이라 부르기로 했다

여태 읽힌 적 없는 슬픔
슬픔의 원근법은 수정되어야 한다
멀어졌는데도 으깨진 슬픔은 좀처럼 이월되지
않는다
생각하는데

눅눅한 공기 속
어둠을 틈타 이것들이 벌써
사랑 놀음을
하는

것이다

오늘 처음으로 아이 컨택 했는데!

요즘 것들은 어찌나 진도가 빠른지
시대착오적이고 과거주의자인 나는
사랑이라는 이름으로
단숨에 올라타는
저것들이
대체로 낯설다

타닥타닥 서로를 갉아대는 소리

너희들은 무슨 힘으로 깊어 가는가
오랫동안 사랑하는 것 같아서

오늘 밤은 홍등가처럼 마냥 붉겠구나
캄캄한 눈으로 마주 본다

가난의 근거

당신은 밤마다
불을 밝히고
여태껏 깨어 있는데

어쩐지 더 캄캄해지는 몸

삶은 늘
다른 곳에 있지,

여기 말고

깨어 있는 자들은
잠자는 자들의 아류다

당신은
지도에도 없는

제일 가난한 족속

닳아빠지고
약아빠진 것들은
코를 골고 자는데

순해빠진 것들은
한 번 깨면
잠들 줄 모른다

거미 같고
거미줄 같은 것들
옴팡 뒤집어쓰고

등신같이

웃는다

물을 끓이며

전기 포트 대신 주전자에 찻물을 끓인다
편리함보다 미학적인 것들에 마음이 흔들린다

주전자가 지향하는 것은 끓는점이다
펄펄 끓는 것이 대체로 그렇듯

맹렬한 속도로 수위를 넘나드는 사나움
참을 수 없는 울음이 꽁무니에서 온다

가장 외로운 자세

비대칭의 슬픔

한 쪽으로만 운다

뜨거운 물을 붓는다
겨울 별자리처럼 찻잎이 흩어진다

추운 계절에 관한 시를
읽고 있다

길 위에서

겨울,
길은 모두 외로운 쪽으로 누워 있고
시린 휘파람 소리 풀어내며 집으로 가는데
가슴이 퉁탕거려서, 그만 목이 메었다
얼마나 두려운가
어둔 길에 나를 뒤쫓는 그림자

아, 슬픔 같은 모호한 이데올로기는 모두 사라져라

담쟁이

몰래 했던 생각처럼 감겨 올라간다

너의 발등
종아리
허벅지를 훑으며
구석구석의 속살들 남김없이 더듬어 올라간다

너를 향한 무수한 점령
웅크림

새우잠을 자는 사람처럼
손과 손을 마주한 채
발목을 꼰 채
고개를 수그린 채
간지럽고 때론 우습게
또는 울음처럼
무심코
번지는,

돌이켜보면
내 사랑도 이런 것일까
취기처럼 너를 향해 무수하게 타오르던 숨 가쁜 기억
나는 잠들지도 못하고 너에게 다가가곤 했었다

그러나
너에게 닿는 순간,

핏기없는 마른 꽃잎같이 시무룩했다

내 사랑은 아무렇게나 오려낸 붉은 셀로판지처럼
경박스러웠다

치매 병동

연고처럼 짜놓은 노인들이
묘지 같이 누워 있다
숨 쉬고 있다
알 수 없다는 듯이

어쩌자고 삶은 장기화될 모양이다

기억은 아무렇게나 덧칠되어 여전히 검다
손톱으로 긁어도 소용없다

불화가 시작된 것은 언제부터일까
기억 너머 여전히 인적이 드물다

최선을 다해 살았다
아무도 기억나지 않을 만큼
괄호 안의 지문처럼 빈 눈이었다
기억의 변방에서도 갈 데가 없다

언제 죽어야 적당한지에 대해

그렇게 많은 말이 필요하지는 않았다

몸의 무게가 증발되는 순간부터
삶은 문득 소문의 형식으로 전락된다

누군가는 울음이 밀려올 때쯤이라고 했다
몇 차례의 서성대는 울음이 도달할 때
어떤 이는 드문드문 앉아 낮부터 술을 퍼마시는 것이다
드디어 장례의 형식을 마주할 수 있겠다
아이고 아이고
살아서는 울지 않던 이들의 울음소리는 바깥으로까지 기어나갔다

사람들은 사실 죽은 것들을 더 그리워한다
살아있었다면 유감이었을 죽음, 이 죽음을 호상이라고들 말했다

나는 편육을 먹으며 간신히 웃었다

김은유

바다의 꿈나무 ___ 당선작

자정의 꽃

별의 자리

알사탕

잔잔

일상

나는 투명을 믿지 않지만

에펠 여행기

취미가 있다면

채도가 낮은 길을 따라 밤새 걷는 일

우리는 결국 회색의 통점에서 만난다

한 점의 빛도 들지 않는 그 어두운 곳에서

서로 닮은 사람이 아프지 않길 바라는 마음으로

잔상이 남기고 간 부족한 글을

밤새 따라 쓴다

_____ 인스타그램 @eunyoo_0517

바다의 꿈나무

[당선작]

신발을 벗고 나무가 되리
발가락 뿌리 삼아 바다 한 모금

날개 달린 물고기가 둥지를 틀고
파도가 한 번씩 쉬어가는 자리

눈을 감고 나서야
보이는 것들

손끝에 피어난 소금꽃처럼

사랑할 수밖에 없는
짠한 것들

심사평

사물에 대한 투시와 인식의 감각이 만만치 않은 솜씨를 보여 준다. 그 역시 우선 절제 있는 표현력으로 믿음을 주었다. 〈바다의 꿈나무〉의 경우, 상상력이 독특하고 아름다우며, 간결한 표현의 묘미로 눈길을 끌었다.

• **조명제**(시인, 문학평론가)

세상에서 소외된 작고 여린 물체들과 부모님에게 연민을 가진다. 시인이 누군가. 모든 생명은 제 몫의 가치를 지니며 생존해 있다는 것을 알고 있는, 또 알아야 하는 사람이다. 그리하여 시 〈바다의 꿈나무〉의 제1연에서 "신발을 벗고 나무가 되리/발가락 뿌리 삼아 바다 한 모금"이란 비유로 "신발을 벗고"의 낮은 겸양과, 그 큰 바다에서 다만 "한모금"과 같은 절제를 발견한다. 그가 인생을 사는 태도라 볼 수 있다.

• **김현숙**(시인)

자 정 의 꽃

시침과 분침 사이
당신을 오래도록 기다렸을 적에

손목에
허벅지에
얼마나 많은 글을 새겼던가

깊숙한 자상의 흔적을 따라
못다 한 말 맴돌기만 했던
내 하루의 끝

스토크, 스카비오사
변하지 않는
이루어질 수 없는

그 길의 끝에서
듬성듬성 떨어진 꽃말을 주웠지

기도하듯이
어울릴 수 없는 말을
두 손에 그러쥐면

밤에도
헛된 꿈에서조차

꽃이 피었지

별의 자리

벌써 겨울이네요
눈은 아직 내리지 않았지만
오리온자리가 반짝거리는 밤
줄곧 바라보고 있어요
지나가는 비행기일지도 모르지만
하늘에 반짝이는 것은
별이라고 믿어도 좋아요
한 번쯤은

화사한 표정을 지으려고 화장을 했어요
입꼬리를 덧칠하면
이별도 미소가 되니까
가로등에
네온간판 뒤에
별빛은 한없이 바스러지고

하늘에도 옥상이 있을까요
오리온의 허리춤을 붙들고
추락하는 비행운

새벽은 길게 늘어지지만

내일은 멀리 가는 날이에요
발이 큰 당신
신발은 두고 갈게요
어쩌다 날이 좋아서 별을 찾더라도
우리
이름은 붙이지 말기로 해요
제자리에 머무는 별은 없으니까

그래도 한 번쯤은
계절을 착각한 별들이
스쳐 갈지도 몰라요
겨울에도 봄을 꿈꾸는
허리가 잘록한
오리온처럼

나는 멀리서
잘 지내고 있을게요

잔 잔

비가 오면
적당히 낡은 테이블이 놓인 주점으로

해마다 안주는 늘었지만 술값은 줄었지
한 사람이 꺾으면 한 사람이 채우는
빈 잔의 유지

매번 같은 이야기에 순번을 매기고
그를 사랑했지, 나도 나도

불그스름한 얼굴이 부딪치면
흘러넘치다가
말라가다가
눈물에 가까운 맛이 나

비가 오다가 눈이 오고 있어
지금
사랑하는 사람은 누굴까

이글루처럼
뒤집어진 잔 속에서

우리 차근차근
고요를 이어 가고

일 상

열쇠가 돌아갑니다
왼쪽 오른쪽 방향을 정하지 않아도
문을 열고 텁텁해진 공기를 뚫고
다시 오늘입니다

선상에서 지새운 이국의 밤을
폭풍우 속에서 나를 건져 살린
머나먼 바닷속 외뿔고래 이야기를
아무도 듣진 않겠지만

점심을 먹다가 저녁을 먹으면
다시 저녁 같은 점심
삶은 째깍째깍 돌아가고
창밖의 붙박이 구름처럼
나는 혼잣말이 늘었습니다

때때로
뛰어가는 아이들
봄가을 봄가을

다시 뛰어가는 강아지
언제나 건너뛰는 당신의 주말까지
말랑한 꿈들이 궁금해질 때가 있습니다

고래는 슬플 때 어떻게 우는지
빙하 어디쯤 구멍을 뚫고
제 아픈 뿔을 숨겨두는지
아무도 찾을 순 없겠지만

이런저런 평범한 날
가끔 당신의 안부를 물어봅니다

나는 투명을 믿지 않지만

서로를 지켜주는 거리두기를 위한 가림막입니다

은행 창구 앞 정지 신호처럼 빨갛게 빛나는 안내 문구

한국 돈으로 천 원 정도 될 거예요 그런데 더 큰 곳에 가서 바꾸셔야 해요

낡은 책가방 전단지 뭉치 고사리손 끝에 매달린 구겨진 필리핀 오십 페소

감사합니다 안녕히 가세요

뒤돌아선 작은 옷에 새겨진 주름진 표정들

온종일 따라 해도 한 번도 따라 지을 수 없던 너의 표정을 보았어

슬픔의 잔상이 겹치는 불투명한 가림막

혼자 어른이 되어버린 나는 너무나 많은 나와 오래도록 눈싸

움하는 중이야

무인 셀프 사진관처럼 찍을수록 의도와는 다르게 망가져 가는 잃어버린 자화상

나는 투명을 믿지 않지만 그래도 가끔은 모두 투명해지길 바라

투명한 창밖에는

오직 투명한 하늘과 햇살만

막힘없이 뛰어가는

투명한 아이들만

서로를 지켜주는 웃음소리

투명한

너의 웃음소리만

알 사 탕

얼마나 핥았으면
지구가 이렇게 작아졌을까

일부러 깨물지 않아도
흠 많은 삶이었다

쪼개지면서도
사람이 사람을 품는다

달가닥거리면서
지구를 몇 바퀴나 돌았을까

병상 옆에 놓인 알사탕
할머니 맛이 났다

에펠 여행기

내 오래된 자동차 룸미러에는
자그만 에펠이 매달려 있어
새로 산 필름 카메라를 버리고
녹슨 너를 데려왔지
인화되지 못한 미련을 두고서 여행을 떠나자고
흔들리는 풍경을 따라 본분을 잊은 채 함께 흔들리는 탑
철새처럼 겨울이 없는 곳으로 가볼까
백사가 깔린 바다로
찬바람만 드나들던 철가슴 사이에
언젠가 듣고픈 말 따스하게 밀려오는 곳으로
흙이 없는 그곳에 너를 심을게
반듯하게 서지 않아도 괜찮아 넘어져 맘껏 울어도
머리끝까지 잠겨 작아져도 괜찮은 그곳으로
흔들리고 흔들리는 너의 윤슬
어때, 여행을 가볼까

김준호

선 인 장 ___당선작

초 승 달

인 생

삼 각 반 지

꽃

고 무 장 갑

여 행

앙 코 르

겨울의 초입, 열정 넘치는 시인님들과 한 집을 쓸 생각을 하니 걱정이 없습니다. 함께라서 걱정이 없습니다.

― 인스타그램 *@honorkaras*

선인장

당선작

날카로운 가시가 많다는 건
상처주기 위해서가 아니라
상처 받기 싫다는 것이다
또 그런 가시를 겉에 내놓는다는 건
상처 주기 싫다는 것이다

세상 가장 나쁜 사람은
선인장 같지 않은 사람이다
가시를 제 안에 숨긴 채 상대를 안고 뒹구는
그리하여 결국은 피투성이로 만드는
화려한 비극화秘棘花* 같은 사람

사람의 털도 가시면 어떨까

*비극화 : 가시를 숨긴 꽃.

심사평

겉으로는 사람 좋은 척하면서 속내로는 타인을 기만하고 파국으로 몰아가는 유형의 인간상을 선인장의 사물적 특성을 빌려 흥미롭게 형상화한 작품이 「선인장」이다. 거기에는 동시에 때로 거북하고 눈에 거슬려도, 그것이 정직성을 드러나 상대를 보호해 주는 결과, 오히려 인간적이라는 논리가 숨어 있다.

• **조명제**(시인, 문학평론가)

초승달

노부모 손톱 다듬고
돌아오는 길

이부자리로 날아가 애타게 찾던
그 손톱

저기 있었네

인생

착하다고 좋은 사람이 아니라는 것
나에게 모질다고 나쁜 사람도 아니라는 것

달팽이 집이 단단하다고
달팽이에게 눈물이 없는 게 아니라는 것

살아내 보면
찰나가 인생이 아니라는 것

삼각 반지

우리의 커플링은 사각의 반지다

둥근 반지보다 우리를 찌르는 날이 더 많았다
그렇다고 한 번도 모난 반지를 벗어던진 날이 없다

우리가 이번에 정한 예물 반지도 둥근 반지가 아니다
더 날카로워진 삼각의 반지다
앞으로 우리를 찌를 날이 더 많을 거다

가시도 장미의 일부다

꽃

꽃이 시든다 한들 꽃이 아닌 게 아니지 않는가

시들어도 꽃이요
향기를 잃어도 꽃은 꽃이요
가시로 날 찔러도 꽃이요
늘 변함없이 꽃은 꽃이요

사랑하는 그대 또한 그러하오
시간이 흘러도
향기를 잃어도
날 아프게 해도
그댄 내겐 영원한 꽃이요

고무장갑

빨간 고무장갑을 껴보니 무서울 게 없다

화장실 변기도 빡빡 문지르고
음식물 쓰레기도 싹싹 긁어모으고
이름 모를 벌레도 가뿐하다

그동안,
집사람을 당최 못 이긴 이유가
아무래도 이건가

여 행

산이 오르고 싶은 걸 보니
못다 한 말이 있나 봅니다

바다에 가고 싶은 걸 보니
듣고 싶은 말이 있나 봅니다

한 잔 생각나는 걸 보니
그대를 못 잊었나 봅니다

앙 코 르

돌도 안 된 아들이 팔을 휘젓다 장모님 얼굴에 손을 댔다
모두 깜짝 놀라 잠시 정적이 흐르는데 장인어른이 침묵을 깨신다

한번 더!

손진원

시인이란 ___당선작

바닷가에서

여명

새벽별

도시의 밤

편지

가을 소식

안개

중학교에서 아이들을 가르치고 있습니다.
부끄럽지 않은 어른으로 아이들 앞에 서기 위해 20년째 노력
중입니다.

머무는 시간과 공간을 온전히 마주하려 하는 편입니다.
자연에 가까울수록 맑고 곧은 마음이 솟아나, 떠나고 돌아오기를
틈틈이 반복하고 있습니다. 자연스럽고 자유로워 마음껏 나를
만날 수 있는 그 시간을 사랑합니다.

시인으로서 발을 내딛어도 좋겠다는 선배 시인님들의 말씀을
들은 지 어느덧 3년이라는 시간이 흘렀습니다. 하지만 여전히
'나다운' 시를 찾고 있는 초짜 시인입니다. 나다운 언어와 나다운
화법으로 쓰인 시가 누군가의 마음에 닿기를, 그리하여 그의
마음에 또 다른 시가 고이게 하는 시인이 되고 싶습니다.

_____ 이메일 *sjw771220@gmail.com*

시인이란

당선작

시인의 사전적 정의를 찾아보았다
시인은
시를 전문적으로 쓰는 사람이라고 한다

나는 시인이
시로 말을 건네는 사람인 줄 알았다

나의 마음속에 고였다 사라지는 순간들을
입 밖으로 내는 것이 시라고
입 밖으로 낸 나의 말이
누군가의 마음에 가 닿고 어루만지는 것이 시라고

그래서, 또 다른 시가
그의 마음에 고이게 하는 사람이
시인인 줄 알았다

 **심사평**

일상적 삶의 상황들에서 시가 될 기미를 포착하는 안목이 확연하고, 대상을 시로 꾸며 가는 솜씨도 만만찮다. 무엇보다 사물이나 상황을 침착하게 통찰하고, 그것을 내면화하는 사유의 힘이 도드라져 보였다. 풋풋한 감성과, 감정을 제어하는 감각적 사유가 앞으로의 가능성에 대한 믿음을 주었다.

• **조명제**(시인, 문학평론가)

현실의 사회 상황을 늘 마주하며 주시하고 있다. 그리고 이에 매몰되는 것이 아니라 현실적 삶에 적응하고자 하는 긍정적인 답을 도출해낸다.

• **김현숙**(시인)

바닷가에서

첫 순간부터 그랬지
겁도 없이 단숨에
풍덩

파도에 안기고
파도와 뒹굴며
매번 부서져라
달려들곤 했었지

이제야
밀려드는 파도를
바라볼 수도 있게
되었네

넘실넘실 다가오는
크고 작은 파도에
귀를 먼저 기울여
손을 먼저 내밀어

잔잔히 듣는다네

나로 부딪치려 않고
너를 들으려 하네
너와 함께 내가
유영하려 하네

여 명

하늘의 날개짓이 시작되었다
날개를 크게 펄럭일 때마다
어둠이 후두둑, 사방으로 흩어졌다

졸음을 단 자동차가
하얗게 치뜨거나
붉게 충혈된 눈으로
느릿느릿 다리를 건넌다
아파트는 여전히
꼼짝 않고
잠들어 있다

하늘은 이제
한데 모여 부드럽게
비행하기 시작한다
연거푸 날갯죽지 안으로
태양을 그러모으며
환해진다

덜커덩.
이웃집 문이 열렸다 닫혔다
삐끗.
하지만 서둘러 두 발을 챙겨
점점이 멀어진다

여명이 밝았다
새날이 시작되었다

새벽 별

두 눈 꼭 감은
창들 너머 하늘에
밝은 별 하나
떴다

동녘의 기운
아랑곳 않고
깜빡깜빡
다시 지그시
스스로를
밝히고 있다

보이지 않는다고
사라지는 건 아니야

별은

멀어지고
작아지더니

이내 숨어 버렸다

나는
별 하나를 가슴에 품고
자리에서 일어났다

도 시 의 밤

밤은 깊고
쏴아아 바람이 지나고
도란도란 풀벌레 우는
가을의 문턱

갸우뚱
턱을 괴고
생각에 잠긴 달
웬일로 잠잠하다
나도 밤에 기대어 보는데

부르릉 오토바이
휘이잉 사이렌에
날카롭게 베이는
도시의 밤

온전한 휴식은
요원한 것

밤하늘 달
저 높이
멀어져 간다

편 지

어쩌지 못 하고
송글송글 맺힌
마음들

흘러가는 구름에
불어오는 바람에
주절주절 부려 놓지만

내 마음
전하기보다
그대 마음
묻고 싶었다

당신도 내가 그리운가요

가을 소식

하늘이 가까운 동네 언덕에
가을이 한껏 피어났단 소식에
구름처럼 사람들이 몰려들었다

서쪽으로 기운 가을볕 아래
하얀 갈기 휘날리며 한 곳으로
내달리는 억새 무리 사이사이로
코스모스보다 해사한 사람꽃이
만발하였다

가을을 독대하는 순간이 찾아왔다
부산함이 소거된 가을은 쏴아아아
바람결에 뚝뚝, 눈물방울 흩뿌리며
태양을 피해 구름을 따라 속속
흘러만 갔다

또 한 번의 계절이 지나고 있었다
가을이 전한 소식이었다

안 개

그것이 언제였나 싶습니다
우리 한때 그랬던가 싶습니다
그 시절 그 시간이 너무도 멀어
나는 그만 아득해집니다

너 하나만 이야기하던 때가 있었습니다
너 하나만 바라보던 때가 있었습니다
서로를 바라보다 까닭 없이
눈물을 흘리기도 했습니다

그것이 언제였나 싶습니다
우리 한때 그랬던가 싶습니다

아주 먼 옛이야기 같습니다

이용환

필명: 용하

시인과 바다 ___당선작

담에 꼭 한잔하자

한송이위로

선풍기

가시

이 별의 이별

눈

추적추적

난 머리가 나쁘다. 자본주의 사회에서 발악하며 살기 바쁘다.
그런데 가슴은 뜨겁다.
그래서 상처를 몇 배나 더 잘 받고 예민하다. 머리가 나쁜 대신
예민함 덕에 눈치가 빠르다.
눈치는 결코 머리랑은 상관없다. 경험을 통해 얻은 예민함이
극대화된 결과물이다.
눈치를 보고 산다는 건 지칠 때가 많다. 항상 나쁜 머리를
보완해야 하기 때문에 늘 긴장하고 산다.
유일하게 긴장을 놓을 수 있는 공간이 있다. 눈치 볼 필요 없이
언제든 내 마음을 표현할 수 있는 곳.
흰 여백 위에 써 내려가는 글은 그 누구의 간섭도, 경쟁도 없다.
나를 위로하고 칭찬할 유일한 공간.
나처럼 머리가 나쁘면 마음을 써가 보라 말하고 싶다.
세상에 다 머리 굴릴 때 펜을 굴리면 뾰족했던 일상이
둥글둥글하게 살아진다.

_____ 인스타그램 @poet_yongha

시인과 바다

당선작

검은 고래는
하얀 바다에만 살아서
문장을 펜 끝에 내걸어
세월을 입질하듯 주시한다

언제가 낚을 수 있노라
입버릇이 입질이 되어도

저 반대편 펜 끝에 낚인
어떤 이의 검은 고래는
또 한 번 문장에 힘을 포기 않는
세월과 입씨름할
유일한 한 끼가 된다

배고파도 추워도
낱말을 한 톨 한 톨
담아내는 건

배 아리고 추하게
주섬주섬 한 톨같이

사는 것보다야

깨알 같은 꿈의 조각으로
연명하는 게 더 배부르다
깨달은 모양이다

노인과 바다가 될 바엔
검은 고래의 밥이라도
되고팠던

흰 바다에서 꿈꾸던
마지막 시인의 끝인사를
모두 기억한다

나는 그 시인의 옆자리에서
함께한 마지막 바다의 벗이다

여전히 내 펜 끝은 고요하다

노인처럼

심사평

이용환 지난해 《월간시》와 서울시인협회가 주관한 최초의 'SNS 시인상'에 응모하여 최우수상을 받았고, 시집도 두 권을 낸 젊은이다. "저 반대편 끝에 낚인 어떤 이의 검은 고래는 또 한 번 문장에 힘을 포기 않는 세월과 입씨름할 유일한 한 끼가 된다"「시인과 바다」에서 짐작할 수 있듯, 그의 시가 보여주는 상상력은 도발적이고 당돌한 데가 있다. 시인과 바다의 이미지를 결합하고 낚시의 논리를 펜과 문장으로 굴절시켜 힘 있는 작품을 만들어 낸 것이다.

• **조명제**(시인, 문학평론가)

담에 꼭 한 잔 하자

술독에 빠진 친구 한놈
20년을 거의 매일
술을 안고 살았겠다

취해도 술이 들어간다
음주운전 벌금만 수회째
그래도 술이 좋단다

그런 녀석이 딱 한번
마음먹더니 술을 끊었다

2020년 2월 22일
손종권 님 께서 별세하셨습니다

한 송이 위로

외로운 사람은
누군가를 외롭게 않는다

외롭지 않으려는 이는
누군가를 외롭게 하고

너 홀로 머문 외로움이
그래도 꽃인 이유다

꽃은 누구에게도
외로움을 피게 한적 없으니까

선 풍 기

그리움에 두리번두리번

회전하며 갈팡질팡한 마음

돌고 돌다 그 어느 계절에

한 번은 네 생각 날갯짓한다

우리 인연이라면 꼭 한번

바람이 불겠지

미풍이 됐든 강풍이 됐던

가 시

이 가시나야

이 가시 나야

띄어쓰기 하나에

낮잡아 부른 미움이 되고

왠지 모를 안쓰러움이 됐다

그래야겠다

그 어떤 이도 띄엄띄엄

보아서는 안 되겠다고

아픈 가시의 사연이

가해자가 되면 안 되니깐

이 별 의 이 별

이별이 아프다고들 한다
이 별에만 가능한 헤어짐

이 별 아닌 별은
이별할 수 있는 사람이
무소식한 곳뿐인데

사랑을 기대조차 할 수 없다면
그게 진짜 아픈 거라고

그러니 아파도 사랑해야지
이 별이라 꼭 한 번은 이뤄질 테니까

눈

눈이 왔다

결국 '눈' '물'이 될걸
알면서도

그래서

'펑펑'와서
'뚝뚝'소리 내
<u>흐르나 보다</u>

'눈물'처럼

추적추적

비가 추적추적
세상 어디 숨은들

날 꼭 한 번
추적하고야 마네

널 잊은 듯 살아도
모든 계절에

너는 녹아 있어
도망 갈길 어디 없이

이호성

오래된 새 옷 ___당선작

잔을 채우며

정동진

장마

지워지지 않는 단어

어느 겨울, 까만 밤.

가을이 오고 있어

엄마의 고양이

_____

2020년 서울시인협회 '청년시인상'으로 등단했으며
지극히 평범한 30대 가장이자, 두 아이의 아빠이고, 월급쟁이
K-직장인 입니다.

'밥벌이'를 하지 않는 시간은 주로 아이들과 함께 보냅니다.
아이들과 보내지 않는 시간에는 사부작사부작 움직이며 '생각'을
합니다.

지극히 평범한 시각으로
잊고 있었던 것들에 대해 생각하다가
잊히지 말았으면 하는 바람으로 글을 씁니다.
늦었지만, 하마터면 더 늦을 뻔했다는 마음가짐으로
써 내려갑니다.

먹고살기 바쁜데 무슨 '시'냐고 생각하시는 분.
먹고살기 바빠도 잠시 '시'라도 생각하시는 분.
서로가 맴도는 주변에서 평범한 일상을 살아가시는 많은 분에게
읽히기를 바랍니다.

누군가에게 읽힌다는 것은 아주 많이 설레는 것임을 알기에….

_____ 브런치 *https://brunch.co.kr/@hellolhs*

오래된 새 옷

`당선작`

한 번도 입지 않은 겨울옷이 있다

특별한 사연도
별다른 이유도 없다

계절이 끝나갈 때쯤
내년에 꼭 입어야지하며
다시 두툼한 것들 사이에 봉인된다

그리고
다시 또 겨울.

아!
왜인지 알았다

이 녀석은 그대로인데 나만 나이 들어감이
나도 모르게 샘이 났던가 보다

다시 봐도 얄밉도록

이 녀석은 보란 듯이
청춘이다

심사평

'시간'에 대한 깊은 통찰력이 돋보인다. 덧없이 흘러가는 세월의 무상감을 옷을 소재로 시적 화자와 대비하여 그려 나간 것이 무척 개성적이다. 역설적인 제목에서 풍기는 낯섦도, 독자들의 시선을 끌게 하는 충분한 매력이 있다.

• **한상훈**(문학평론가)

잔을 채우며

네가 떠난 자리를 억지로 지우기 위해
지난밤들로 엉성히 마련한 추억 정리가
역시나 시원치 않아 술잔을 채운다

비워지는 흔적은
채워지는 술잔에
묻혀 잊힐 만도 한데

어림없다.

새벽 빗방울 소리에 한번
창문 흔드는 바람에 한번

무너진다.

비워지는 술잔에
채워지는 세월은
단단해진 그리움으로
그 자리를 메운다

정 동 진

늦은 밤을 뒤로하자마자 출발하여
타협 없는 철길에서 새벽을 견뎌야
겨우 도착할 수 있었던 곳

그 정도 시간을 내어줘야만
바다를 사이에 두고서라도
겨우 갓 떠오른 태양의 열기를 허락했던 곳

무엇 때문이었을까
그래야만 했던 이유가

정동진.

타인의 새벽을 가장 많이 삼킨 곳
타인의 바람을 가장 많이 받아낸 곳

묻고 싶다.

아직도 변치 않았습니까.

지금도 나의 밤을 내어준다면
내 작은 바람 정도는 들어줄 수 있습니까

묻지 않고 찾아왔습니다
그리고 그대 곁에서
오늘 하루 기대어 눕습니다

장 마

지루하게 끈적한
축축함을 넘어선 음습함에
떨어지는 빗줄기와 같은 이치로 고개를 떨구고 걸었다.

잊고 있었던,
지난해 끊긴 대화가 생각났다.

멈추지 않는 비.
다시 며칠간 이야기가 이어진다.

쓸쓸함의 앙금과
외로움의 쓰림에 대해서 떠들어야지.

작정하고 쏟아지니
쉽게 토라지거나 금방 자리를 뜨지 않는다.
요란한 소리에 쉽게 퍼져나갈 일도 없다.

어제, 오늘,
그리움의 개수만큼 떠들었고

빗줄기는 쉼 없이 들어줬다.

나는 이런 걸 시詩라고 한다.

지워지지 않는 단어

떠오르는 단어들을 조합하다가
'그대'라는 단어에 손을 베었다.

비교적 고요한 통증이지만
오래갈 것 같은... 쓰림이다.

투명한 연고도, 반듯한 반창고도
위로가 될 것 같지 않아
치유가 될만한 단어들을 찾아보았다.

'우리'라는 단어를 지우고,
'기억'이라는 단어를 버리고,
'추억'이라는 단어를 솎아내니,

'너'라는 단어만 남았다.

어느 겨울, 까만 밤.

겨울 하늘은
현기증이 날 정도로 너무 높지도 않고,
헛된 꿈을 꿀 정도로 너무 낮지도 않다.

까만 밤은
목적지를 잃을 정도로 너무 소란하지도 않고,
외로움을 느낄 정도로 너무 고요하지도 않다.

겨울 하늘, 까만 밤은
살던 곳을 버릴 정도의 추위로 주변을 얼리지도 않고,
가던 곳을 잊을 정도의 어둠으로 별빛을 삼키지도 않는다.

허나,
유독. 검고 차가웠던 어느 겨울 까만 밤,
친구 한 놈이 그곳으로 갔다.

가을이 오고 있어

가을이 오고 있어

조금 늦었지만, 가을이 오고 있어

바람을 움켜쥔 꽃잎이
사연 하나를 가지고 피어나고 있어

한 번의 가을은, 한 번의 떨림.

푸른색에 연연했던 나에게
기다림으로 이뤄진 색채들이
잠시 멈춰있을 이유를 만들어 주고

무엇도 매달지 못한 나뭇가지에게
가을빛 머금은 햇살 들은
유의미한 낙엽이란 결실을 비추며

그렇게,
또 한 번의 가을은

또 한 번의 위로로

떨어지는 감정을 받아내고 있어.

엄마의 고양이

누구는 영물이라 하고
누구는 요물이라 하고
누구는 이도 저도 아닌 액체(?)라고 까지 한다.

반려묘.
알 수 없는 속 때문에
반려伴侶 이지만, 반려反戾 일수도...

어찌들 부르든

내 눈엔 그저 하늘에 달과 별*이 되기 전 따뜻하게 지내지 못했던 네 발 달린 작디작은 짐승이다.

*달과 별 : 어머니가 사랑으로 기르던 고양이 두 마리의 이름이다.

최신애

대화 ___당선작

박각시 나방

노이즈 캔슬링

메아리 메아리

지샌 달

환절기

계란 장

무한 반사 거울

단발머리 여중생은 시인을 꿈꿨습니다. 꿈처럼 꽃길인 줄 알았더니, 시인으로 사는 게 순조롭지 않네요. 쏟아내는 말 사이로 길을 내고 숨겨진 것들을 찾아내는 일에는 시간과 체력이 들더이다. 시시한 일상 틈 사이, 누추한 생각과 야속한 마음을 수수한 시어에 담는 일이 어디 쉬운가요.
매일 시계의 숫자를 세고 살아도, 시심을 들추는 그 사람이 시인이라면, 그 일을 외면하지 않는 '남은 자'가 되는 것만으로도 흡족합니다. 생을 들추는 다른 이들과 함께 하는 일이 사뭇 들뜨는 일이었습니다.

_____ 인스타그램 @dream_sinae

대 화

당선작

하루가 바닥으로 내려와
구겨진 너 앞에 서면
자전하는 세상일에
식은 밥같이 섭섭한 소리
"밥이나 먹자"
졸린 눈 비비는 시계
마음은 각진 모서리 근처에
서성인다

너를 중심에 두고
공전을 멈춘 행성 하나
자기 중력에
쪼그라들고 있다

심사평

시에 대한 애정이 깊고, 그에 걸맞게 창작의 내공이 만만 찮은 신인이다. 그의 시에서는 일상의 어두운 내면이나 삶의 온기가 느껴지는 풍경들을 간결하고 담담하게 예술적 순간으로 승화시키는 힘이 감지된다. 〈대화〉의 대목을 보면, 일상의 어두운 내면과 역동성의 변화를 잃어버린 상황적 삶의 풍경을 압축적으로 담아내고 있음을 알 수 있다.-중략-작가 특유의 군더더기 없는 표현적 기량과 사상에 대한 날카로운 시선을 본다. 최신애의 작품들은 모두 고른 수준이어서 믿음이 갔다.

• **조명제**(시인, 문학평론가)

최신애 시인의 시는 가족애의 주제를 간결한 문체로 깔끔하게 이미지화하고 있다. 부부의 일상인 시 「대화」에서는 (중략) 소재의 찰진 컨시트적 비유, 위트가 돋보인다.

• **김현숙**(시인)

박각시 나방

착륙할 땅을 잃고
처연하게 날며
응시하는 별

새처럼 뜨거운 날갯짓
멈추어 뿜는 숨결
뾰족한 주둥이 진액을 빨며
홀로 부유하는 고단함

달맞이 꽃을 벗 삼아
남루한 거죽을 흔들 때
사람이 닿지 않는 곳에서
열매가 익는다

날개에 묻은 다디 단 살충제
헐떡이는 숨결이 남기는
꽃잎 위 마지막 발자국

끝내, 제 발에 묻은 꽃가루를

털지 않으려는
박각시 나방

노이즈 캔슬링

푸석한 공기를
홑이불처럼 끌어당기는
공휴일 아침

관객 잃은 티비
하찮은 아이들의 다툼
창 너머 버스 출발 음
윗 집 발소리
공연히 맴도는 관리실 방송
"화장실 내 흡연을…"
숨이 조여 온다

소란의 틈에 숨겨놓은
고독의 시공간
늦은 설거지로 연주하는
투명한 하모니

메아리 메아리

나는 "척"
당신은 "딱"
내가 "쿵"
당신은 "짝"

나는 "아"
당신은 "어"

짝이 있는 말의 균형
같은 편으로 달리는
치우치지 않는 속력
두 어깨가 나란한 소리

때론 접점을 잃고
메아리 처럼 애틋한
수평의 거리

지샌 달

새벽을 붙잡으려
산 꼭지에 웅크린 몸
빛바랜 지붕 위로
움푹 파인 마당으로
쏟아진다

지난달 임자 떠난 할아버지
허공을 안고 부비는
시퍼런 새벽

늘어진 소매
흙 묻은 외투 꺼내 입고
닫힌 문
새벽의 밀도를 가르며
밭으로 향할 때
앞서 걸어가 길 밝히는
지샌 달

환절기

계절의 모서리까지
열렬했던 자국

목이 늘어진 티셔츠
깊게 주름진 신발
빛바랜 우산
주저앉은 가방
짝 잃은 양말
눅눅하게 녹은
주머니 속 사탕

끈끈하게 낡은 무게
털고, 빨아 말리고 접어
수고로 얼룩진 흔적과 함께
건너가는 다리

계 란 장

손톱 같은 하루가 지면
하얀 이마 말갛게
반쯤 잠긴다

졸인 간장의 점성
볼까지 미끄러지는 밤
어슷 썬 파
손가락처럼 턱을 괴고

비스듬히 찌르는 젓가락질에
숨겼던 노란 외로움
피처럼 진하게 토해내고
난데없이 향긋한 비린내로
자정에 닿는다

다시 달 하나 뜨면
목이 메어도 삼키는
좁은 길로
길게 자란 손톱 같은
내일이 온다

무 한 반 사 거 울

궂은 날 비 온 뒤
가지와
난간 아래 매달려
하늘을 담는 너

오르거나 떨어질 운명에도
먼데 산을 불러
얼굴에 새긴다

제 무게가 넘치면
바닥없이 떨어져
운명처럼 다시 솟아날

온 우주를 담는
물방울

최진영

연 어 ___ 당선작

스마트폰 공동묘지

홍제역에서

다마네기

조카의 차례상

충청도 택시

소아중환자실

울 거

사람은 두 번 죽는다고 합니다.

나를 알고 있는 내가 죽을 때
나를 기억해 주는 사람이 죽을 때

내가 쓴 시들이 되도록 오래 숨을 쉬어
가능한 많은 사람의 뇌리에 살아남았으면 합니다.

— 인스타그램 @alquimista192

연 어

당선작

1
출근길 지하철 안은
연어의 뱃속

덜컹, 덜컹, 덜컹, 덜컹

어미의 심장 박동 소리
북태평양에서 남대천까지
산란을 위하여 터질 듯한
심장을 부여잡고
컴컴한 바다 속에서
등불이 되어주는
지하의 등대를 따라

이번 역은 종로
3가 역입니다

문이 열린다
연어 알들이

세상으로 쏟아져 나간다

2
지하철 노선도 강으로
수많은 연어가 해류에 몸을 실은 채
힘을 아끼고 있다

모두 눈 감고
어떠한 소리도 없이 침묵
고요한 꼬리짓
멀리서 헤엄쳐 왔다

바다가 끝나고 강이 오면
아꼈던 힘을 써야 할 때
연어들이 계단 폭포를 오른다

산란을 위해
아이를 위해

심사평

「연어」는 출근길 지하철의 풍경을 생생한 비유적 표현으로 이끌어 간 것이 흥미롭다. 일찍이 이미지스트 시인 에즈라 파운드의 짧은 2행의 지하철 시가 널리 알려졌지만, 단시短詩가 지닌 아쉬움을 최진영은 우리 시대의 양상으로 알차게 버무려 내었다.

• **조명제**(시인, 문학평론가)

최진영은 「연어」를 통하여 자신의 폭넓은 체험에서 보고 느낀 삶의 다양성을 보여준다. 치열한 삶의 현장을 밀도 있게 그려내고 특히 「연어」를 통해서 전철 안을 알의 부화를 위해 모천으로 회귀하는 연어의 뱃속으로 상상, '문이 열린다/ 연어 알들이/ 세상으로 쏟아져 나간다'로 또 전철에서 내려 직장으로 오르는 계단을 '계단 폭포'라는 창작 '시어'로 현황을 생생하게 이미지화하는 데 성공하고 있다.

• **김현숙**(시인)

다 마 네 기

할머니가 생전에 요리를 해주실 때
간혹 내게 심부름을 시키실 때가 있었다

- 손자야, 마트가서 다마네기* 좀 사 온나

그러면 나는 시인 손자 앞에서
일본어를 쓰시는 할머니가 괘씸해서
부러 크게 대답하곤 했다.

- 하잇はいっ!

*양파의 일본말

스마트폰 공동묘지

한 사람의 죽음이 날아왔다

그제야 스마트폰 속에 묻혀있던
그 사람이 생각난다

연락처 272개

모르는 사람 7명
알지만 모르는 사람 12명을 지우고

알지만 연락 안 하는 사람
등록하고도 한 번을 연락하지 않은 사람
가까운 사이인데도 올해 한 번도 연락 안 한 사람

그 사람들을
흙 속에서 꺼내본다

번호가 바뀐 사람 스물한 명
죽은 사람이 다섯 명

그중 한 명은 우리 할머니
작년에 돌아가신 우리 할머니가
여기에도 묻혀계신다

홍 제 역 에 서

비가 와도 전화는 걸려 오지 않았다
역 밖에는 비가 화살처럼 내리고
홍제역 1번 출구 할리스 카페는
사람들이 벽돌처럼 꽉 차 있었다
누구는 전화를 걸고
몇은 우산 없이 빗줄기 속을 뛰어들 때
나는 손바닥을 내밀고 빗줄기를 닮은
할머니의 바늘을 생각했다
살다가 보면 언젠가는
내리는 비를 맞으며 뛸 때도 있으리라
예감하고 있었다

이제는 역에 오시지 못하는
할머니를 기다리며
어디선가 비를 뚫고 꽂히는 잔소리와
불이 켜져 있지 않을 집을 생각한다
할머니는 세상을 꿰매는 이 비처럼
내 상처를 깁다가 잠자리에 드셨는데

우리 할머니는
하늘에 올라가셔서도
여전히 나를 눈물로 기워주시는구나

충청도 택시

대전역에 도착해 택시를 탔다

친구 집 앞에 도착해 카드 지갑을 꺼내는데
아무리 주머니를 뒤져도 나오질 않는다

당황한 나는 허둥지둥 가방을 뒤졌고
그 모습이 안쓰러웠는지 기사님이
백미러를 보며 느긋하게 말한다

- 천천히 혀유….

그것도 잠시
택시 뒤에 차가 붙자 작은 목소리로
슬쩍 한 마디를 덧붙이신다

- 이거 뒤차가 빵빵거리것는디….

새어 나오는 웃음을 간신히 참으며
지갑에서 돈을 꺼내 드리곤

허겁지겁 차에서 내려 문을 좀 세게 닫았더니

- 그래 가지고 부서지겄써? 더 씨게 해야지….

택시가 사라지고
터져 나오는 웃음에 이빨이 쏟아진다

조카의 차례상

할머니 차례상에 올려져 있는
동네 배달 책자를
치우려고 했더니

5살 난 조카 아이가
다급하게 양손을 파닥이며

할머니 먹고 싶은 거 시켜야 해요
치우면 안 돼요! 라고 삐약거려
그대로 둘 수밖에 없었다

소아중환자실

한 번만 흐윽 허억 으윽 아가 아가야 허억 허억 으어헝 으헝 아가. 조금만 잠깐만, 아가. 으헝. 얼마나 됐어? 허억 허억 아가 10분 째 안 돌아오고 있습니다 허억 허억 아니요 한 번만 허억 허억 한 번만 더해주세요 으으흑 지난 주엔 돌아왔잖아요 아가 제발 허억 허억 어머니 이제 그만 허억 허억 한 번만 딱 한 번만요 제발 해봐 더 해봐 계속 해봐 허억 허억 더 해볼게요 어머니 으흐흑 제발 아가 아가 조금만 조금만 아가 아가 아흐, 허억 허억 제발 아가 조금만 띠이….

거울

소있 가리소 는에밖 울거
오이것 을없 참 은상세 운러끄시 지까게렇저

소있 가귀게내도에밖울거
소있 나개두 가귀 한딱 는듣아알 못 을말 내

오이잡손른오 는나 의밖 울거
오이잡손른오 는르모 를수악―는르모 줄을받 를수악 내

는마료구 는하 못 를지보져만 를나 의밖 울거 는나 에문때 울거
소겠했 도라이만기보나만 를나 의속 울거 찌어 가내 들던었니아 울거

소없 가내 의밖 울거 늘 는에밖 울거 는마소졌가 을울거 금지 는나
요게할몰골 에업사 된로외 만지르모 은잘

는마 요대반 는와나 참 는나 의밖 울거
소았닮 꽤 또
오하섭섭 퍽 니으없 수 할찰진 고하심근 를나 의밖 울거 는나

도나 의밖 울거
?오시아 를재천 린버어되 가제박

거긴날개가있소?

아직은 투명한 _서울시인협회 청년시인상 수상시집

초판 인쇄 2024년 1월 10일
초판 발행 2024년 1월 15일

지은이 권덕행·김은유·김준호·손진원·이용환·이호성·최신애·최진영
펴낸이 김상철
발행처 스타북스
등록번호 제300-2006-00104호
주소 서울시 종로구 종로 19 르메이에르종로타운 B동 920호
전화 02) 735-1312
팩스 02) 735-5501
이메일 starbooks22@naver.com
ISBN 979-11-5795-718-7 03810

ⓒ 2024 Starbooks Inc.
Printed in Seoul, Korea

이 책은 저작권법에 의해 보호를 받는 저작물이므로 무단전재와 무단복제를 금합니다.
잘못 만들어진 책은 구입하신 서점에서 교환하여 드립니다.